Navidad!

La Historia Entera del Dios Quien Ama

Publicado por Olive Press
Publicador Mesiánico y Cristiana

Navidad! La Historia Entera del Dios Quien Ama
© por Natasha Metzler
Ilustraciones © por Brianna Siegrist
Traducido por Nathan Olmstead

ISBN: 978-1-941173-25-1

www.olivepresspublisher.com

Diseño del tapadero: Brianna Siegrist, Natasha Metzler

Información de pedido:
Ventas de cantidades. Descuentas especiales son disponibles con pedidos de cantidad por corporaciones, asociaciones, y otros. Por más detalles, favor de contactar los publicadores a la dirección de arriba.

NAVIDAD!

La Historia Entera
del Dios Quien Ama

escrito por
NATASHA METZLER

ilustrado por
BRIANNA SIEGRIST

OlivePress
צהר זית

Messianic & Christian Publisher

para Dominic y Aiden James

QUE SIEMPRE SIGUEN
AL DIOS QUIEN AMA

Queridos Padres,

Yo escribí a este libro mientras que pasaba por la prueba de la esterilidad. Después de pelear con Dios sobre mi condición, por fin pude rendirme a Él y tome la decisión confiarle aunque mi vida iba a ser bien diferente de lo que esperaba. Durante el periodo de tomar esa decisión, empecé cuidar a dos niños y cuando llegaron las vacaciones quise hacer algo especial para ellos. Hice un Calendario de Adviento con actividades Navideñas, y busque un libro Adviento para compartírselo con ellos la historia más hermosa de la eternidad.

Excepto, no pude hallar el libro que quería. Habían muchos libros interesantes y hermosos, pero todos faltaban algún elemento que yo desesperadamente deseaba.

Yo quería un libro que empezara desde el inicio y que daría la historia desde el momento que solo Dios existía y nada más. Necesitaba un libro que fue corto y al punto, porque eran niños bulliciosos que no se iban a enfocar por más que unos minutos. Y, yo quería un libro que diera la historia entera- de como Jesús fue prometido desde el jardín y todo lo que se lee después apunta hacia Él.

Cuando no pude hallar lo que quería, decidí escribir un libro propio. Lo que estás leyendo es el cumplimiento de aquello proyecto. Desde la creación hasta la redención, *Navidad!* instruirá a tus niños a través de algunas de las historias más hermosas de las Escrituras acerca de Jesús y del amor del Padre desde el inicio.

Para los niños más pequeños hay bichos pequeños y amables escondidos en algún lado de la página de cada día y para los niños más grandes hay una parte al final del libro titulado "Aprender Más" que les anima leer las historias originales de la Biblia.

Yo oro que este libro sea una tradición familiar en tu casa por muchos años y que tus niños nunca olviden de la increíble historia más amorosa de la eternidad.

Natasha Metzler

[creado]

En el principio, (quiero decir, en el muy, muy principio) sólo había una cosa.
No era el sol, o la luna o las estrellas.
Ni eran animales o plantas, o personas.
Era Dios.
El era antes del inicio, durante el principio, y Él será después del final.

Eso es sólo la forma en que Dios es.

Y en el principio creó Dios los cielos y la tierra. Todo estaba oscuro. Sólo oscuro. Pero Dios habló!

Realmente grandes cosas suceden cuando Dios habla.

Él dijo: "Hágase la luz!" y fue la luz.
Él dijo que la luz se llamara "día" y la oscuridad "noche". Y Él dijo que era bueno.

Día tras día pasó y Él hizo un montón de cosas buenas. Él hizo el cielo y los mares y todo tipo de plantas. Él hizo el sol y la luna y las estrellas. El hizo todos los peces y las aves y animales.

Y Dios dijo que todo era bueno. Todo el mundo estaba allí y Dios estaba contento con él.

Entonces Dios hizo algo muy, muy especial. Él dijo, "Hagamos al hombre ..." Él tomó el polvo de la tierra y formó a un hombre y sopló en el hombre aliento de vida.

El hombre que creó Dios, que se nombraba Adán, nombró a todos los animales y aves y peces.

Pero se sentía solo.

Nada en toda la creación parecía ser bueno para él. Así que Dios hizo una cosa más.

Una mujer que se nombraba Eva.

¿Sabes lo que era tan especial acerca de estas personas? Fueron hechos a la imagen de Dios. La única cosa en toda la creación.

Debido a que fueron hechos para ser amigos de Dios.

[caído]

Adán y Eva vivían en el Jardín del Edén, una hermosa casa que Dios les dio.

Sólo había una regla. Una regla simple. Dios señaló a un árbol y les dijo: "No coman de ese árbol o, ciertamente morirán."

Pero lo hicieron.
Ellos desobedecieron.
Ellos no estaban contentos.
Eran codiciosos.

En primer lugar, Eva, luego Adán, comieron del árbol que Dios había dicho que, "no", sólo porque una serpiente dijo que estaba bien. La serpiente les mintió y ellos eligieron creer la mentira en lugar de creerle a Dios.

Esto fue una cosa muy, muy malo.
Dios estaba tan triste. ¿Sabes por qué?
Porque algo horrible y desagradable había entrado en su mundo. Algo que se llama pecado.

Hay una cosa que debes saber acerca de Dios: Él es perfecto. *Eso significa que no puede tener o estar en la presencia del pecado.*

Ahora, Adán y Eva, que fueron creados para ser amigos de Dios, tenían el pecado en sus vidas, y Dios no podía estar con ellos.

A pesar de que Dios estaba triste, Él todavía los amaba. Oh! Como los amaba! Él tenía un plan, y Él susurró el plan en las páginas de la Biblia.

Él les dijo a Adán y Eva que algún día uno de sus hijos lucharía contra la misma serpiente que había engañado a ellos, y cuando esto suceda, el hombre ganaría la pelea.

Adán y Eva tuvieron que abandonar al Jardín del Edén, pero todavía había esperanza. Algún día, de alguna manera, Dios iba a arreglar el desastre. Algún día ellos serían liberados del pecado.

Y entonces, una vez más, serían amigos de Dios.

.

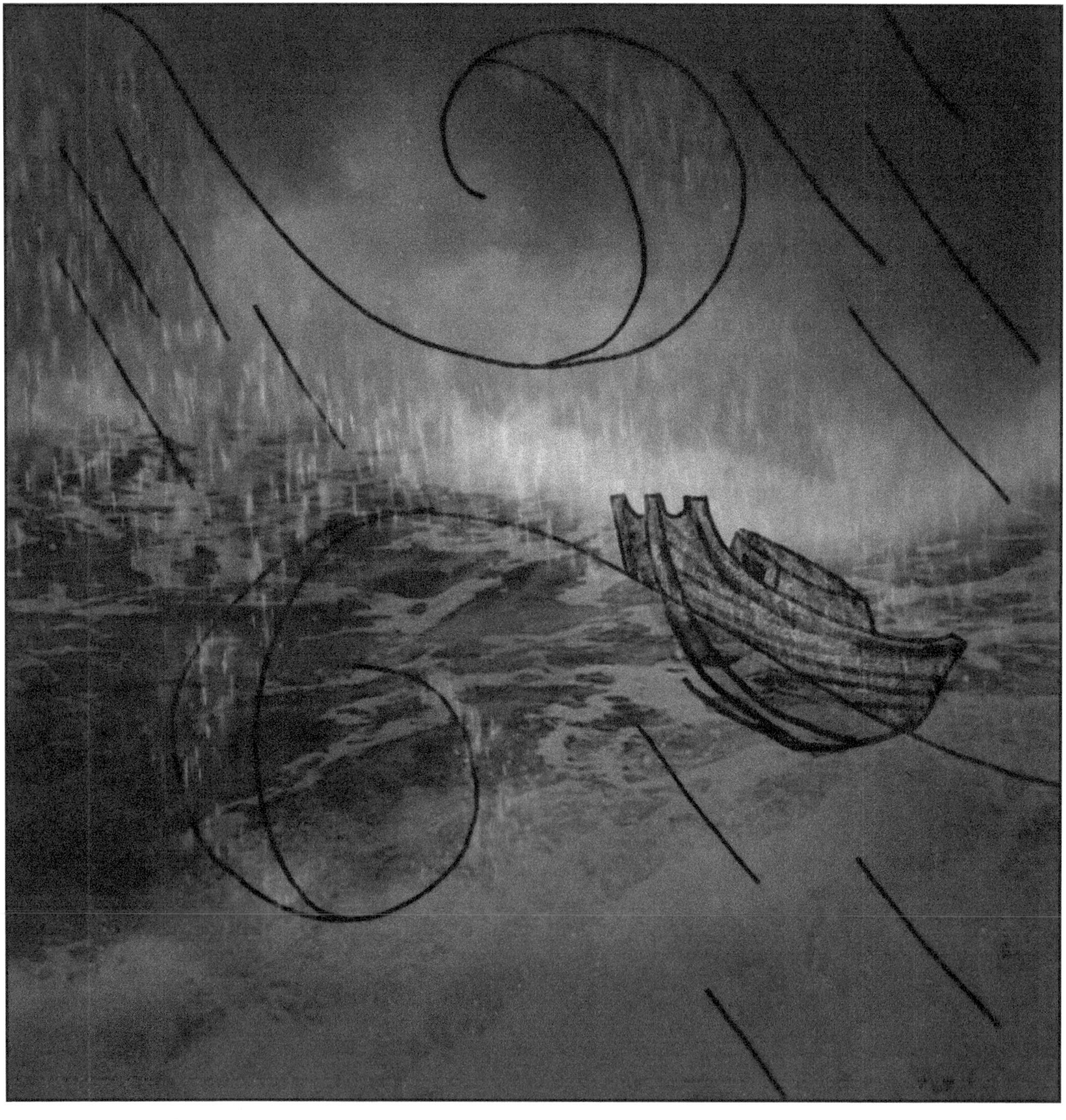

[salvado]

Adán y Eva tuvieron muchos hijos. Sus hijos tuvieron hijos y los hijos de sus hijos tuvieron hijos. Pronto hubo una gran cantidad de personas en el mundo.

Pero recuerden cómo Adán y Eva eligieron al pecado en lugar de obedecer?

Sus hijos también hicieron lo mismo.

De hecho, todo el mundo era egoísta y codicioso y lleno de desagradable pecado, tanto que no se preocupaban por Dios en absoluto, a pesar de que Dios los amaba. Dejaron bien en claro que no les importaba que Dios estaba haciendo un camino para que fueran amigos.

Dios estaba triste. Incluso si Él pudiera ser amigos con la gente, ellos no lo querían.

Excepto por un hombre.
Su nombre era Noé.

En todo el mundo, él era el único hombre que quería ser amigo de Dios.

Dios dijo: "Va a ser una gran inundación." Él le dijo a Noé que construyera un barco grande. Asi Dios explicó que cada persona o animal en el barco se salvaría.

Así que Noé construyó. Él obedeció a Dios. Incluso cuando la gente se reía de él, incluso cuando la gente pensaba que estaba loco.

Todavía obedeció.

Y cuando vino el diluvio, Noé y su familia eran las únicas personas que iban en el barco.

Y eran los únicos salvados.

Después del diluvio, Dios puso un arco iris en el cielo e hizo una promesa. Una promesa muy especial. Nunca más habría una gran inundación que cubriera la tierra.

Noé y su familia fueron salvados por un barco, pero la próxima vez que Dios iba a salvar a todas las personas sería diferente. *La próxima vez, no se salvarían de una inundación—*

se salvarían de sus pecados.

[pedido]

Hijos e hijas nacieron de Noé después del diluvio. Pronto, el mundo se llenó otra vez. Y estas personas, al igual que las primeras personas, escogieron el pecado.

Se olvidaron de Dios.
Se olvidaron de Sus promesas.
Se olvidaron de que eran hechas
para ser Sus amigos. En su lugar,
escucharon a la serpiente.

Pero había un hombre llamado Abram que escogió escuchale a Dios. Y Dios sí habló!

Realmente grandes cosas suceden cuando Dios habla!

Dios le dijo a Abram que saliera de su país, su pueblo, y se fuera una nueva tierra.

Y Abram escuchó! No sabía a dónde iba ni cómo iba a llegar allí. Ni siquiera sabía *por qué* iba.

Pero él confiaba en Dios.

Abram, su esposa Sarai, y todos los de su hogar fueron con él. Viajaron durante mucho tiempo. Abram a veces hizo las cosas mal—a veces no le escuchó a Dios.

Ah, pero a veces sí, lo escuchó!

Y Dios le prometió muchas cosas. Algún día, a través de Abram todas las personas en *todo el mundo* serían bendecidas!

Dios cambió su nombre por el de Abraham, y el nombre de su esposa a Sara. Él le dijo a Abraham que mirara hacia arriba en el cielo nocturno. "Ve todas las estrellas?" Dijo Dios. "Usted va a ser el padre de un pueblo tan numeroso como las estrellas."

Y un día sería una estrella en el cielo que estaría recordado para siempre. Una estrella que contaría la historia de uno de los descendientes de Abraham- un hombre que Dios había mencionado años atras en el principio.

El Hombre que lucharía contra la serpiente y ganaria. El Hombre que iba a salvar al pueblo de sus pecados.

Dios no se había olvidado de su promesa. El hombre iba a venir!

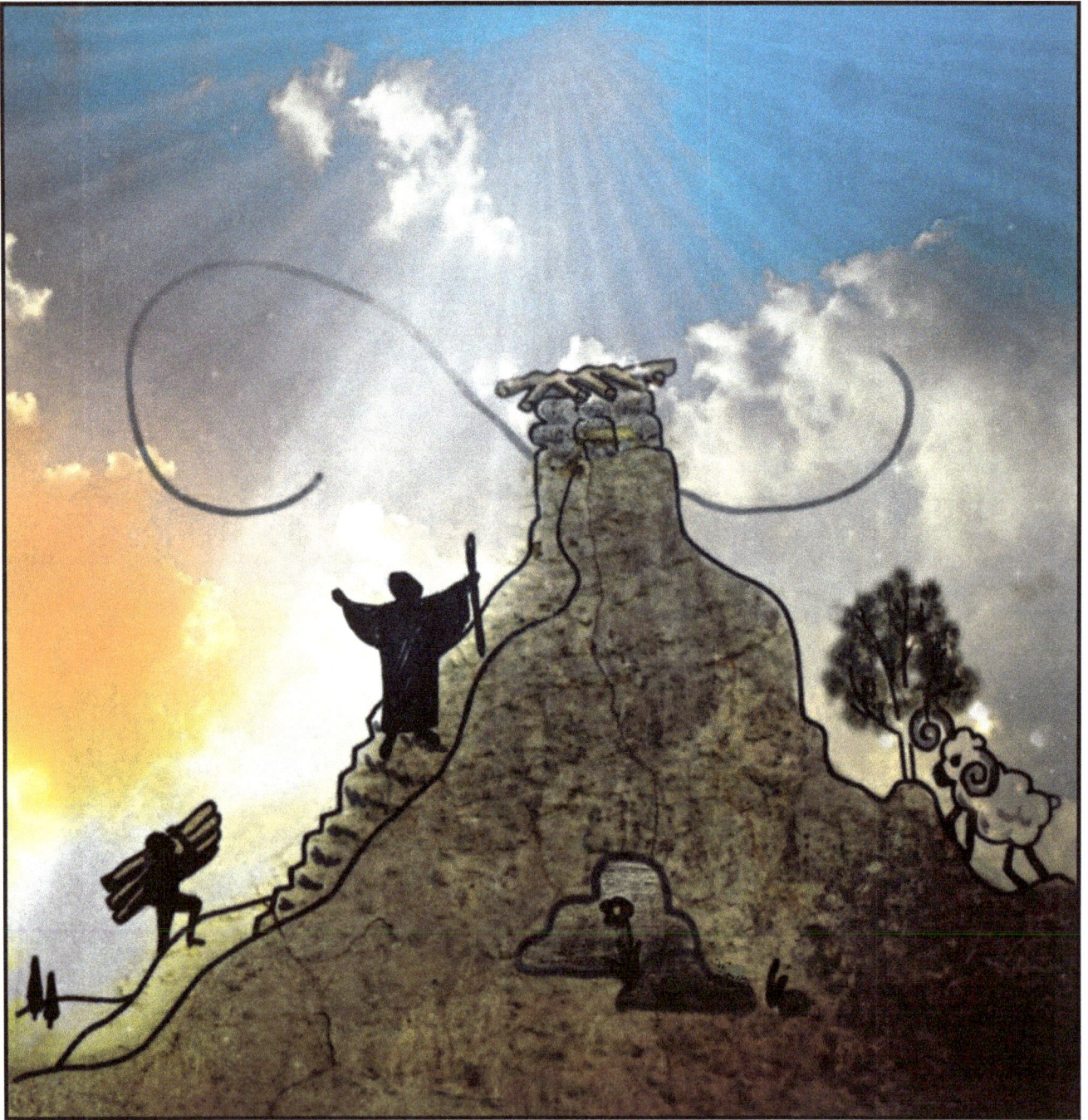

[presentado]

Abraham y Sara esperaron, y aun esperaron más, a que un niño naciera como Dios había prometido.

A veces eran pacientes y, a veces no lo eran, *pero Dios era fiel*. Abraham tenía cien años y Sara tenía noventa cuando dio a luz a su primer hijo.

Fue un milagro.

Ellos lo llamaron Isaac y se regocijaron de que Dios había hecho lo que prometió.
Pero Dios hizo algo extraño. Él dijo a Abraham: "Sacrifica a tu hijo para mí."

Eso no tenia sentido!

Abraham pudo haber fingido que no escuchó. O pudo haber fingido no entenderle a Dios. O pudo haber dicho que, no. Pero él quería *desesperadamente* ser amigo de Dios. A pesar de que no tenía sentido, él obedeció.

*Él amaba a Dios *más* de lo que amaba a su hijo (y que era un montón!).*

Abraham tomó a su hijo Isaac, el único hijo de la promesa, y subieron a una montaña. Y en la parte superior Abraham colocó a Isaac en un altar. Y Dios habló de nuevo!

Realmente grandes cosas suceden cuando Dios habla!

Él dijo: "Abraham! Ahora sé que me amas porque no me rehusaste tu único hijo".
Abraham miró y había un carnero trabado en algunas espinas. Abraham y Isaac eran tan contento de que Dios había provisto! Sacrificaron el carnero en lugar de Isaac y llamaron al lugar, Jehová-Jireh. (Eso quiere decir, *Dios Provee*.)

Dios estaba complacido. Él dijo de nuevo: "Abraham, a través de usted bendeciré al mundo entero."
Y cuando Dios lo hacía, cuando Él bendecía a todo el mundo, pudimos ver algunas de esas cosas de nuevo:

El único hijo.
El sacrificio.
Las espinas.

Algún día, Dios sería Jehová-Jireh de nuevo. Él proveería un sacrificio que tomaría nuestro lugar, al igual que Él proveyó el carnero para tomar el lugar de Isaac. *Y ese día, Dios salvaría el mundo.*

[favorecido]

Isaac, el hijo de Abraham creció. Se casó con una chica llamada Rebeca. Isaac y Rebeca tuvieron dos hijos que se nombraron, Jacob y Esaú.

Esaú era el mayor, pero Jacob recibió la primogenitura. (Eso significa que lo trataban como si fuera el hijo mayor.) Cuando Jacob ya fue grande se casó con dos hermanas. Una hermana, Leah, tuvo muchos hijos, pero la otra hermana, Raquel, no tuvo ninguno. Jacob amaba a Raquel más que a Leah y quería que ella tuviera hijos. Finalmente, ella tuvo un hijo. Un hijo llamado José.

José era el hijo favorito de Jacob. Nunca es bueno tener favoritos y Jacob se entendería del porqué! Tenía otros once hijos pero Jacob *sólo* dio a José una túnica de colores, y eso hizo que los hermanos se enojaron. Así que ellos hicieron algo horrible. Se lo llevaron a José y lo vendieron como esclavo.

Él terminó en Egipto donde tuvo que trabajar y trabajar. Él no fue tratado como el hijo favorito. Ni siquiera fue tratado como un hijo en absoluto. Él era un esclavo. Pero algo bueno sucedió!

José escuchó a Dios.

Él decidió que quería ser amigo de Dios. Una vez, por ser amigo de Dios, él fue echado en la cárcel. Pero José todavía escuchaba! ¿Y sabes lo que finalmente sucedió?

Se convirtió en el gobernante de Egipto.

Dios le dijo algunas cosas importantes y lo usó para salvar a la nación de muerte de hambre. José les ayudó a amontonar una gran cantidad de alimentos en los años buenos, así que había algo para comer durante siete años de hambruna que cubría todo el país. Adivinen quienes aparecieron pidiendo comida.

Los hermanos de José!

Ellos no lo conocieron, pero José supo quiénes eran ellos! Él podría haber sido horrible con ellos. Pero no lo era. En su lugar, los perdonó. Él dijo: "Han intentado hacer algo mal, pero Dios lo usó para bien." Su familia habría muerto de hambre en la hambruna, pero Dios usó a José para salvar sus vidas.

A través de los años en Egipto, muchas veces las cosas se veían *muy* mal. Pero Dios tenía un plan. *¿Recuerda?* Estaba haciendo posible que todas las personas en todo el mundo pudiera ser sus amigos.

José y sus hermanos se quedaron en Egipto.

Sus hijos y nietos y bisnietos fueron llamados "Israelitas". Pasaron los años y pronto habían miles de israelitas que vivían en Egipto.

Y una vez más, se olvidaron de Dios.

Un hombre que no conocía a José se convirtió en rey. Él tenía miedo de los israelitas porque habían muchos de ellos. Él decidió hacerlos sus esclavos. Fue horrible. Pero entonces sucedió algo grande.

Se acordaban de Dios!

Oraron a Él y pidieron ser salvos—y Dios oyó!

Dios siempre escucha cuando hablamos con Él.

Las personas probablemente pensaban que Dios iba a enviar a alguien más fuerte que el rey para salvarlos. Pero Él no lo hizo.

Él envió a un bebé.

El rey quiso matar a todos los bebés varones, pero Dios salvó a este bebé. Su madre lo puso en una cesta y lo escondió en la hierba en el río. Adivina quién lo encontró? *¡Una princesa!* Ella le puso por nombre Moisés. Fue adoptado y se convirtió en un príncipe! Seguro que parecía que Dios iba a usar a Moisés para salvarle a la gente entonces, pero no lo hizo. En primer lugar, Moisés hizo algo terrible. Él trató de salvar a los israelitas por sí mismo y entonces, *mató a un hombre y huyó.* Fue muy, muy malo. *Pero Dios todavía amaba a Moisés* y el pueblo todavía necesitaba de alguien para salvarlos.

Moisés se convirtió en un pastor de ovejas en el desierto. Pensó que estaba escondido. Pero Dios sabía dónde estaba Moisés. Y habló Dios.

Realmente grandes cosas suceden cuando Dios habla.

Moisés vio algo locamente extraño. *Un arbusto ardía pero no se consumía!* Fue Dios! Él dijo,"¡Moisés! Mi pueblo me está llorando para que los ayudara. Ve ahora porque los pondré en libertad."

Moisés tuvo miedo. Había tratado de ayudar a los israelitas en antes y había hecho lo malo. Pero esta vez, Dios era el que haría el trabajo. Moisés no quería ir, *pero lo hizo.* Fue porque Dios así lo dijo. Debido a que Dios era él que iba a trabajar. Debido a que Dios tenía un plan, *al igual como Él dijo,* desde el inicio.

Moisés regresó a Egipto y su hermano Aarón fue con él. Fueron al rey y le dijeron: "Dios dice que deje que los Israelitas se vayan."

¿Sabes lo que dijo el Rey?

¡Él dijo, no!"

Los Israelitas eran sus esclavos y él no quiso dejarlos salir. No importa lo que dijeron Moisés y Aarón, el rey no quiso escuchar.

El rey pensó que era más poderoso que Dios.

Así que Dios hizo algunas cosas muy grandes. Aquellas cosas fueron llamadas "plagas". Él los hizo para hacer recordar al rey *que nadie* es más poderoso que Dios.

Cada vez que Moisés se presentó ante el rey, le pedía que los israelitas fueran puestas en libertad. Y cada vez el Rey decía: "No", y otra plaga venía.

Dios hizo que el agua se cambiara en sangre. Ranas venían del río. Los mosquitos volaban por todas partes. Las moscas pululaban. Animales murieron. La gente tenía llagas. El granizo cayó. Las langostas volaron. Y se puso muy, muy oscuro.

Y aún así, después de cada plaga, dijo el rey, *"¡No!"*

Así que finalmente, lo peor pasó. Dios dijo: "Cada familia que no pone la sangre de un cordero perfecto en la parte superior y los lados del dintel de la puerta perderá su hijo mayor."

Esto era algo triste y duro. Dios les dio *muchas* oportunidades para escuchar.

Pero no lo hicieron.

La única forma de salvarse era con sangre en la forma de una cruz, y el rey no lo utilizó.

El rey estuvo tan triste cuando su hijo murió que le dijo a los israelitas: "¡Vayan!"
Entonces el pueblo se fue. Siguieron a Moisés fuera de Egipto.

Fue la primera vez que las personas fueron salvadas por la sangre y una cruz.
Pero no sería la última.

[guiado]

Moisés condujo a los Israelitas fuera de Egipto. Llegaron a un gran lago llamado El Mar Rojo. Ellos miraron hacia atrás y vieron al Rey Egipcio viniendo tras ellos con un enorme ejército! La gente estaba muy asustada. *Se olvidaron de cómo Dios les acaba de haber salvado.* Volvieron a Moisés y le dijeron: "Vamos a morir!" Pero Moisés no se había olvidado. El habló con Dios.

Recuerda, Dios siempre escucha cuando hablamos con Él.

Y asi sucedió. Dios habló.

Realmente grandes cosas suceden cuando Dios habla.

Él dijo: "Moisés, extiende la caña."

Moisés obedeció y el agua en el Mar Rojo comenzó a moverse! Un viento sopló y un camino se abrió, *justo en el medio del agua!* Los Israelitas cruzaron sobre tierra seca, pero cuando los Egipcios intentaron venir en pos de ellos, el agua se cayó hacia abajo.

Dios había salvado a su pueblo de nuevo.

Una y otra vez, Dios los salvó.

Incluso cuando ellos no escucharon a Él.
Incluso cuando se apartaron de Él.
Incluso cuando se olvidaron de Él.
Solo porque Dios es fiel.

Ellos viajaron al desierto. Estaba caliente y seco. Tenían sed, y eran tan hambrientos. ¿Sabes lo que pasó?

La gente se olvidó de cómo Dios se hizo cargo de ellos.

Ellos clamaron a Moisés diciendo: "Nos ha traído aquí a morir de hambre en el desierto?" Entonces Moisés habló con Dios y por la mañana, cuando las personas caminaron fuera de sus tiendas de campaña, encontraron algo en el suelo. Era blanco y pequeño y sabía a miel. Lo llamaron *maná*.

Cada mañana, salieron y recogieron suficiente maná para poder comerse durante el día. El maná sólo duró un día, pero estaba allí cada mañana. Un *milagro*. Cada día otro milagro.

Ellos fueron hechos para ser amigos de Dios, y Dios les estaba enseñando a confiar en Él, para que cuando el pecado fuera atendido, los que conocieron a Dios podían caminar con Él de nuevo.

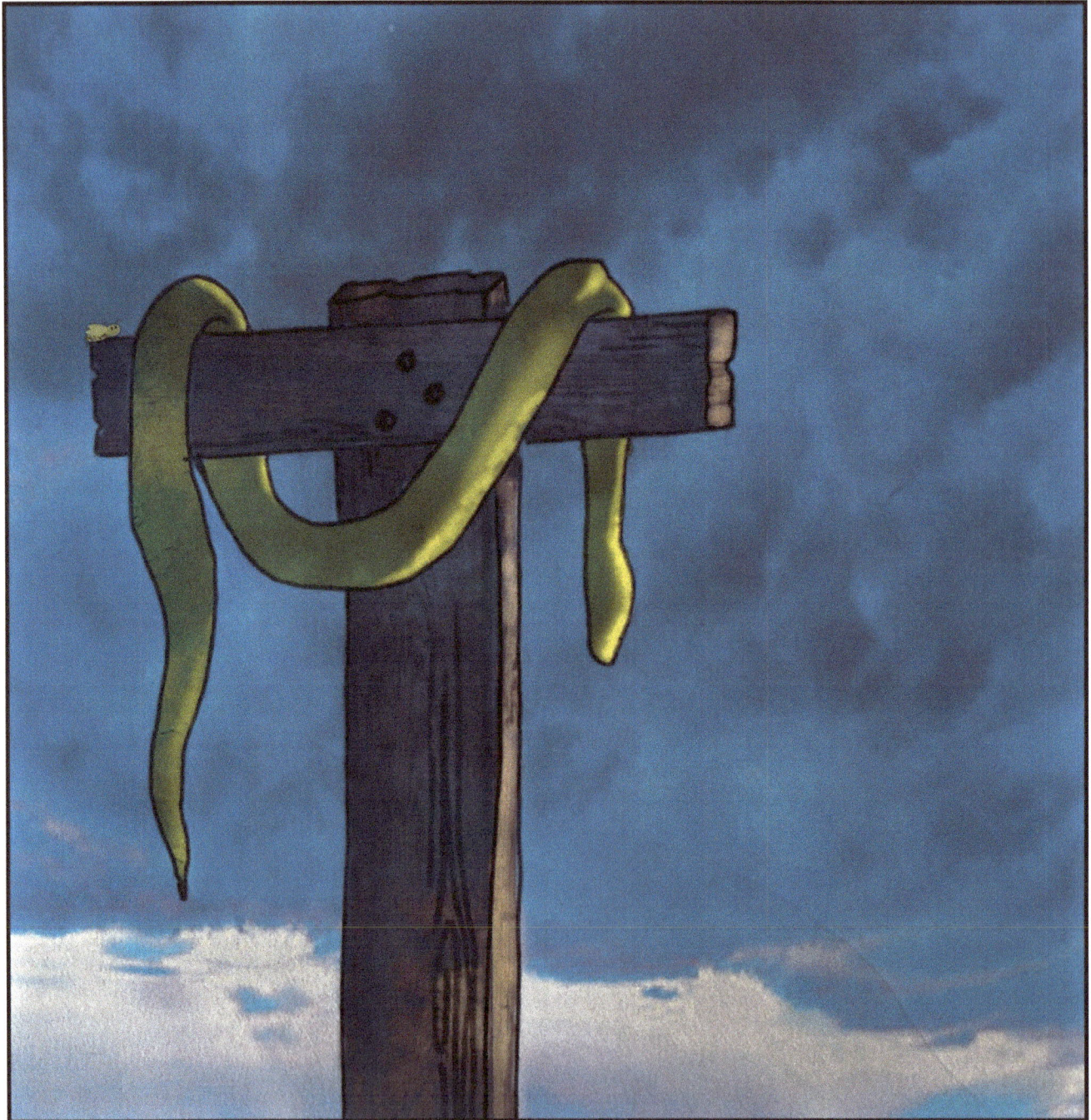

[recordado]

Los Israelitas vivían en el desierto. Dios proveyó comida y agua. Les dio una nube para guiarlos durante el día y una columna de fuego para guiarlos en la noche.

Dios se hizo cargo de ellos.

Pero el pueblo no le dió las gracias.
Ellos se quejaron y gemían.
"No nos gusta el desierto. No nos gusta este maná. Queremos volver a Egipto!"

Es una cosa muy mala no estar agradecido. Dios estaba trabajando para hacer un camino para que fueran amigos y no les importaba. Querían más de lo que Dios les había dado. *Al igual que Adán y Eva en el jardín.* La gente no podía verlo, pero la serpiente estaba de vuelta. Él estaba susurrando, *"Dios no es realmente bueno. Él no está realmente cuidándolos. Él no los está dando lo que necesitan."*

Si hubieran mirado alrededor podrían haber visto que Dios los estaba cuidando. Era obvio que *Él* era bueno. *Pero ellos no miraron.*

En su lugar, escucharon a la serpiente.

Así que Dios envió serpientes vivos que se deslizaron entre ellos. Eran venenosos y mordian a la gente y muchos se enfermaron y murieron. Era tan triste. Pero algo bueno sucedió! El pueblo recordaba de cómo Dios los había salvado en antes. Le pidieron a Moisés que orara y que hablara con Dios a ver si Él los salvaría de nuevo.

Recuerda, Dios siempre escucha cuando hablamos con Él!

Dios le dijo a Moisés que hiciera una serpiente de bronce y la puso sobre un poste. Cuando una persona fue mordida por una serpiente, *sólo tuvo que mirar hacia arriba.* Nada mas. Basta con mirar a la serpiente en el poste. Y si lo hicieran, se sanaron.

Un milagro.

Fue un recordatorio de la promesa, la que fue dada desde el inicio. *Alguien se acercaba.* Alguien que lucharía contra la serpiente *y ganaría.* Este hombre sería levantado, al igual que se levantó la serpiente en el poste, y toda la gente que mirara a Él *quedaría sanado.* Los pecados perdonados. Amistad con Dios es posible.

Un milagro.

[comandado]

Día 11

Aun después del milagro de la comida, del agua y de la protección. Aun después de los serpientes. Aun después de todas las promesas. La gente se olvidó. *Ellos simplemente se olvidaron* de Dios. Dios quería reunirse con ellos. Para hablar con ellos. Para caminar con ellos. Él los amaba.

Pero la gente no lo quería de vuelta.

Un día, Dios invitó a todos a hablar con él. Toda la gente. Pero tenían miedo de encontrarse con Dios, y asi sólo fue Moisés. Dios envió un mensaje a los hijos de Israel. Lo escribió en dos tablas de piedra. Lo primero que dijo fue: "Yo soy tu Dios ..." Entonces Él les dio una lista. Diez cosas simples que se pudieran hacer o no hacer.

No hay otros dioses.	No matar.
No a los ídolos.	No adulterar.
No jurar.	No robar
Mantener el sábado.	No mentir
Honrar a sus padres.	No codiciar.

Pero recuerde también que Dios les había dado a Adán y Eva una regla simple?

Ellos desobedecieron.

Pues bien, los Israelitas desobedecieron también. Ellos quebraron todas esas buenas reglas que los mantuviera seguros. Dios sabía que lo harían. Pero Dios hizo las reglas de todos modos. Les dio como un recordatorio de que *las personas eran pecadores.* Tenían que recordar eso. Porque si se les olvidara, si seguían haciendo las cosas malas olvidándose de Dios, si ellos pensaran que eran "lo suficientemente bueno" para salvarse cuando todavía tenían todo el pecado dentro–*entonces no miraría.*

Cuando el hombre llegaría a luchar contra la serpiente y salvarlos del pecado, no mirarían, y no serían sanados. No habría un milagro, y nunca serían amigos de Dios.

Y eso rompería el corazón de Dios.

Así hizo Dios leyes. Leyes para que se dieran cuenta cuando pecaron. Leyes para que supieran que necesitaban ayuda. Leyes para que cuando llegara el tiempo sabrían lo desesperadamente que necesitaban un Salvador.

[aceptado]

Los Israelitas vagaron por el desierto durante cuarenta años. Dios trató de darles un hogar--- pero estaban demasiado asustados. *Ellos se olvidaron de lo grande que es Dios.* *Así que se quedaron en el desierto.*

Después de la muerte de Moisés, un hombre llamado Josué se convirtió en el líder. Josué no se olvidó. Él sabía que Dios era lo suficientemente fuerte como para hacer cualquier cosa que Él dijo. Josué envió espías a la tierra que Dios dijo que sería su hogar. Una tierra llamada *Canaán*.

Los espías entraron en una gran ciudad llamada Jericó. Tenía un gran muro a su alrededor. Mientras estaban en la ciudad fueron a la casa de una mujer. Ella se llamaba Rahab.

El rey de Jericó, le envió un mensaje a Rahab que decía: "Tráeme los hombres que vinieron a ti, son espías!" *Pero Rahab escondió a los hombres.*

Ella les dijo: "Yo sé que su Dios les ha dado esta tierra. He escuchado todo acerca de los milagros. Sobre el Mar Rojo. Acerca de cómo Él les ha salvado una y otra vez. Yo creo que Él es el Dios verdadero. Por favor, salva a mí y a mi familia. "Ella no dudó del poder de Dios. Ella sabía lo fuerte que era.

Los hombres estuvieron de acuerdo. Ellos dijeron: "Usted debe poner este cordón de escarlata en la ventana y toda su familia debe permanecer en su casa con usted." Rahab escuchó. Ella ató el cordón de escarlata a la ventana.

Cuando el pueblo de Israel luchó contra Jericó, ganó—igual como Dios había prometido. Utilizó un milagro para que el gran muro cayera y todas las personas que vivían en la ciudad murieron. Los espías fueron a buscar y encontraron a Rahab y su familia vivos y seguros dentro de la casa con el cordón escarlata.

Al igual como la sangre en forma de cruz en las puertas en Egipto, el cordón escarlata marcó a Rahab como alguien que creía. Ella creía en el poder de Dios. Ella había escuchado las historias de sus milagros y creía que Él era lo *suficientemente fuerte para salvar.* Ella quería ser amiga de Dios y Dios la aceptó. Dios hizo por Rahab lo que Él quería hacer para todo el mundo, Él la salvó.

[redimido]

Dia 13

Rahab tuvo un hijo llamado Booz. Era un buen hombre que quería seguirle a Dios. Vivía en un pueblo llamado Belén.

Un día estaba en sus campos, y vio a una joven espigando avena. Preguntó por ella y su criado le dijo: "Ella es la hijastra de Noemí." Booz sabía de Noemí. Ella y su marido habían salido de Belén años antes con sus dos hijos. Se fueron a Moab.

Moab no era un buen lugar.
La gente de allí no seguía a Dios.

El marido y los hijos de Noemí murieron allí. Cuando Noemí volvió a Belén, ella era viuda. Su hijo Mahlon se había casado con una chica llamada Rut, y a pesar de que él había muerto también, Rut se quedó con Noemí. Le dijo a su suegra, *"Yo creo en tu Dios."* Ella dejó a su país, su familia y sus amigos—

sólo para poder conocer a Dios.

Pero Rut y Noemí necesitaban que alguien les ayudara. Eran muy pobres. Algunos de los israelitas no les gustaba la gente de otros lugares como Moab, *pero no Booz.* Recuerde, su madre era de Jericó!

Booz dio a Rut y a Noemí alimentos y trató de ayudarlas lo más que pudo, pero quería hacer más. Entonces Rut llegó a Booz. "¿Cuidará de mí?", Ella preguntó. Booz era tan contento!

Se casó con ella, le dio su nombre, volvió a comprar su terreno.
Él le dio un lugar seguro donde vivir, la amaba, y la redimió.

Después de casarse, Rut tuvo un hijo llamado Obed. Ahora Noemi y Rut tenían familia. Booz hizo por Rut lo mismo que Dios quería hacer por su pueblo.

Salvarlos, darlos su nombre, darlos un hogar seguro.
Hacerlos Su familia, amarlos, redimirlos.
Y todo lo que tenían que hacer es pedir.

31

[ungido]

Rut y Booz tenía un nieto llamado Isaí.

Isaí tenía ocho hijos. El más joven se llamaba David. Él era un pastor que cuidaba de las ovejas. Un día fue llamado de los campos para conocer a un hombre llamado Samuel, quien le dijo a arrodillarse.

Samuel lo ungió como el próximo rey de Israel.

Todo el mundo preguntaba, "¿Por qué él?" David no era el más alto o el más fuerte o del mejor aspecto. Él no era el más listo o más rápido. No era más que un niño! Y habló Dios.

Realmente grandes cosas suceden cuando Dios habla.

Dios dijo: "No veo de la misma forma que la gente ve. La gente mira a la parte exterior de una persona, pero Yo miro al corazón."

En su corazón, David quería ser amigo de Dios.

Él no se convirtió en rey de inmediato. Volvió a sus campos y sus ovejas. Mientras todavía era joven, un ejército vino contra Israel. Había un enorme gigante que se reía de los soldados.
"Elige a alguien para pelear conmigo!", Solía decir.

Los soldados tenían miedo. Miraron el enorme hombre gigante y se olvidaron del poder de Dios. Pero David no lo hizo. El visitó el campo de batalla y oyó el gigante Goliat, riendose.

Miró a Goliat y le dijo: "¿Cómo puede éste desafiar al ejército del Dios viviente?" Él sabía que Goliat no solo se reía de la gente. El gigante estaba riendose de Dios mismo. David creía que Dios era el más fuerte de todos. Entonces fue y consiguió cinco piedras lisas para su honda.

El gran gigante se enojó. "Enviaron a un muchacho a pelear conmigo?" Él gritó. Pero David miró directamente a él. "Usted perderá", el dijo, "porque *lucho por Dios*, por *el poder de Dios*." Él tomó cinco piedras—

pero sólo utilizó una.

David ganó la batalla. No porque él era el más grande o más fuerte o más inteligente. Ganó porque luchó del lado de Dios y Dios siempre gana.

[obediente]

Pasaron muchos años en Israel y muchas personas optaron por no recordarle a Dios.
Pero habían algunas personas que, sí, se acordaron de Dios! Y Dios se dio cuenta.

Hubo un hombre que había seguido a Dios que murió y dejó una viuda y dos hijos. La viuda era tan pobre que no podía pagar sus cuentas. Algunas de las personas a las que debía dinero exigían que pagara. La viuda hizo lo único que sabía hacer. Ella fue a un hombre llamado Elíseo para pedir ayuda.

Elíseo era un profeta. Un profeta era alguien que escuchó a Dios y dijo al pueblo lo que Dios decía. Cuando la viuda pidió ayuda, Eliseo escuchó a Dios y Dios sí habló.

Realmente grandes cosas suceden cuando Dios habla.

Elíseo le dijo a la mujer: "Vaya y obtenga a todos los contenedores que se pueden encontrar ".
La mujer y sus hijos hicieron lo que dijo el profeta. Ellos creían que Dios les ayudaría. Cuando ellos habían reunido a todos los contenedores, dijo Eliseo: "Vayan dentro de su casa, lleve a su vaso de aceite y empezar a llenar los contenedores".

Eso soñaba bastante loco! Ellos sólo tenían un vaso de aceite y había un *montón* de contenedores!

Pero escucharon a Dios.

Recogieron el pequeño recipiente y empezó a verter el aceite en los nuevos contenedores. Aceite seguía viniendo y viniendo y viniendo, *hasta que cada* frasco estaba lleno!

Fue un milagro!

Cuando Dios quiere que algo se multiplique—nada puede detenerlo. Y cuando Dios habla—sucedan milagros. Y lo que dice, *es*, aunque no lo era. Y a pesar de que parecía que Dios se había olvidado de su promesa de enviar a alguien para luchar contra la serpiente y salvar a la gente—*él no lo había olvidado.*

Incluso cuando la gente no podía verlo, Dios estaba trabajando para hacer posible que cada persona fuera Su amigo de nuevo.

the dance,
And the young
old, together;
For I will turn their
to joy,
Will comfort them,
And make them rejoice
than sorrow.
satiate the soul of the
with abundance,
people shall be
has created a new
the earth—
shall encompass a
Prosperity of Judah
Thus says the LORD of hosts,
God of Israel: "They shall again
this speech in the land of
in its cities, when I bring back
captivity: 'The LORD bless

[escrito]

Había un hombre llamado Isaías. Él quería ser amigo de Dios y también quería ayudar a otros a ser amigos de Dios.

Pero la mayoría de las personas no se preocuparon de Dios. Ellos no querían escucharlo. En su lugar, ellos querían vivir a su manera, sin seguir ninguna regla y sin ser amigos de Dios.

Pero Dios todavía los amaba.

Él quería hablar con ellos, así que un día Él preguntó, "¿A quién debo de enviar? ¿Quién dirá a la gente lo que yo digo?"

Isaías dijo: "Yo! ¡Yo iré!"

Así que Dios le dijo: "Dile a la gente que ha pecado. Hacen muchas cosas malas. Necesitan ser sanados, y quiero sanarlos! Pero ellos no quieren ser sanados."

Isaías se sintió triste. ¿Por qué las personas no quieren ser sanados de sus pecados? Le pidió a Dios, "¿Cuánto tiempo va a ser así?" Y habló Dios.

Realmente grandes cosas suceden cuando Dios habla!

"Será un largo tiempo. Pero cuando parece que toda esperanza se haya ido, *mi promesa todavía estará allí.*" Y entonces Dios le dijo el secreto de nuevo. Él dijo: "Las personas que se pierden en la oscuridad pecaminosa—*verán una gran luz!* Los que viven en la sombra de la muerte (la sombra causada por el pecado)—*tendrá luz del amanecer en sus vidas!"*

Isaías estaba tan emocionado! Él escribió lo que Dios dijo para que *todo el mundo, en todas partes podía* saberlo! Él escribió, "nacerá un niño! ¡Un hijo! Y le darán estos nombres:

Admirable, Consejero, Dios fuerte,
Padre Eterno, Príncipe de Paz."

Esto no era un niño cualquier—*Dios estaba hablando de la promesa!* La promesa dada desde el principio. Dios no se había olvidado, a pesar de que la gente se había olvidado de él.

El hombre iba a venir a luchar contra la serpiente!

[perdonado]

Después de todas las promesas, incluso después de todas las veces que Dios había hablado, y todos las grandes cosas que habían pasado, la gente todavía negaron escucharlo a Dios.
Pero había un hombre llamado Oseas que sí escuchó a Dios. Él era un profeta.

Un día, Dios le dijo a Oseas que se casara con una mujer llamada Gomer. Oseas obedeció. Se casó con ella y la amaba. *Pero ella se escapó.*

¡Ella lo hizo! Era tan triste. Y Dios le dijo a Oseas: "Esto es lo mismo que las personas me han hecho a mi. Yo los he amado, y se han apartado de mí." Entonces Dios le dijo a Oseas: "Ve, encuentra a tu esposa y llévala a casa."

Así que Oseas fue y encontró a su esposa. Él la trajo a su casa y la amaba, a pesar de que ella le había hecho tanto daño. Y entonces, ella se escapó de nuevo. *Era tan, tan triste.* Oseas fue devastado. Él estaba herido.

Era lo mismo que la gente le hizo a Dios. Dios los amaba y se le apartaron. Dios los trajo de vuelta y los amaba—y se escaparon de nuevo. Ellos simplemente se olvidaron de Dios. Dios era tan *triste*. Pero, ¿qué pasaría ahora? Oseas había amado a su esposa y la había traído a su casa, y ella se había escapado por segunda vez! ¿Hallarian Oseas *y Dios* a alguien mas para amar? Apuesto que Oseas quería, pero Dios habló.
Realmente grandes cosas suceden cuando Dios habla!

Dios dijo: "Ve y salva a su esposa."

Esta vez Gomer se había metido en tantos problemas, era una esclava! Y Oseas fue y pagó para liberarla. Él pagó el precio para que ella no fuera una esclava. Y él la amaba todavía.

Dios hizo recordar Su promesa a la gente, *de nuevo.* La gente tenia un gran problema! Eran esclavos del pecado. Y Dios prometió, *voy a pagar el precio para liberarlos.* Porque a pesar de que el pueblo había herido a Dios— Dios los amaba todavía.

Él quería que fueran sus amigos.

[preocupado]

Nínive era una ciudad llena de gente que no amaba ni servía a Dios.

Pero Dios los amaba.

Dios le dijo a uno de sus profetas, un hombre llamado Jonás, que se fuera y que advirtiera a la gente que su ciudad iba a ser destruida. ¿Sabes lo que hizo Jonás? Trató de huir.

Por supuesto, no funcionó.

Jonás se enteró de que nadie puede esconderse de Dios. Él estaba en un barco cuando llegó una terrible tormenta. Jonás le dijo a los marineros que le arrojaran al mar para que pudieran ser salvos. Cuando lo hicieron, la tormenta se detuvo y Dios envió un gran pez que se lo tragó a Jonás.

Pero Jonás no murió.

Vivió dentro de ese apestoso y asqueroso pez durante tres días y tres noches. Mientras estaba dentro del pez, Jonás se arrepintió por haberle desobedecido a Dios. El pez vomitó a Jonás en la orilla y Jonás fue a Nínive, como Dios dijo. Él decía a todas esas personas malas que Dios no estaba contento con ellos.

¿Sabes lo que hizo la gente? Ellos creyeron a Dios. Ellos dijeron que lo sentían mucho. Cambiaron lo que estaban haciendo. Escucharon a Él.

Y Dios los perdonó!

Se podría pensar que Jonás habría sido muy feliz!

Pero no lo era.
Estaba enojado.

No quería que la gente de Nínive fuera perdonada. Pensó que merecían morir.

Un día Dios hizo crecer una enredadera. le dio a Jonás sombra del sol caliente. Luego, en un día, la vid murió. Jonás estaba tan furioso! Estaba contento por la vid, y ahora había muerto!

Dios dijo: "Jonás! Estás molesto por una vid que ni creíste, y te preguntas por qué estoy preocupado por las muchas personas de Nínive? "

Era una verdad muy profunda: Dios se preocupa por la gente. Y un día un hombre vendría y enfrentaría a la muerte durante tres días y tres noches, como Jonás hizo en el vientre del pez. Y al igual que Jonás, este hombre iba a salir vivo! Y todo el mundo, la gente de Nínive, e incluso tú y yo, tendremos la oportunidad de ser amigos con Dios.

[protegido]

Los Israelitas se olvidaron de escuchar a Dios, por lo que un gran ejército vino contra ellos.

Las personas fueron capturadas y llevadas a una ciudad llamada *Babilonia*. Uno de ellos era un hombre llamado Daniel, que trabajó duro para no olvidarse de Dios. Cada día, tres veces al día, abrió la ventana y se arrodilló y oró.

Recuerda, Dios siempre escucha cuando hablamos con Él.

Daniel quería ser amigo de Dios. Confiaba en que Dios lo amaba y que Él se haría cargo de él.

Y Dios lo hizo!

Daniel fue honrado en Babilonia. Incluso, el era amigo del rey! Pero habían algunos hombres muy malos que no les gustaban a Daniel. Hicieron un plan para deshacerse de él. Fueron al rey y le dijeron: "¡Oh, rey, eres tan poderoso y tan grande. Que haga una ley que por treinta días el pueblo debe adorar y orar solamente a usted—sino serán echados en el foso de los leones ".

Esto fue muy malo. Que iba a hacer Daniel? Si abriera la ventana a orarle a Dios, él podría ser alimentación de los leones hambrientos. *Pero Daniel tuvo coraje.*

¿Sabes lo que hizo? Abrió la ventana y oró. Él sabía que Dios era el más poderoso, el más grande y el más maravilloso en el mundo entero. Dios era Dios. El rey no era Dios. *Y sólo Dios debe ser adorado.*

Esos hombres malos estaban viendo. le llevaron a Daniel ante al rey. El rey estaba tan triste! No pensó bien antes de hacer la ley. Ahora Daniel tendria que ser echado a los leones.

Daniel fue tomado y echado al foso de los animales hambrientos. Pero, ¿quieres saber un secreto?

Nada, en todo el mundo, es tan fuerte como Dios.
Ni siquiera los leones hambrientos.

A la mañana siguiente, el rey dijo: "Daniel! te ha protejido tu Dios? "Y Daniel respondió:" ¡Sí! "Hay un solo Dios. Solo uno. *Y Él es el más grande y más fuerte de todos.* Nada, ni una sola cosa, *puede vencer a Dios.* Ni reyes. Ni esos malos hombres. Ni leones. Ni serpientes. *Nada.*

[sorprendido]

Años tras años pasaron. Hubo un hombre llamado Zacarías que vivió en Jerusalén. Él tenía una esposa llamada Elisabet, pero sin hijos.

Pore so sintieron muy tristes.

Estuvieron casados durante muchos años y parecía que nunca serían padres.
Entonces, un día, mientras que Zacarías estaba en el templo, Dios le habló.

Realmente grandes cosas suceden cuando Dios habla.

Dios dijo a través de un ángel llamado Gabriel, "Tu esposa Elisabet dará a luz un hijo y le pondrás por nombre Juan."

Pero Zacarías había olvidado, al igual que los Israelitas. Se olvidó de lo grande que es Dios. Se olvidó de que nada es más fuerte que Dios. Así que él no creía. Él dijo: "¿Cómo puedo estar seguro de esto? Soy viejo y mi esposa es de edad avanzada".

Olvidó que la edad no importa a Dios.
Olvidó de que Dios puede hacer cualquier cosa.
Olvidó de lo bueno y amoroso que es Dios.

Así que Gabriel le dijo: "Vine aquí directo de Dios, a contarle de las cosas buenas que Dios dice. Ahora, usted no será capaz de hablar hasta que suceda lo dicho porque no me lo creó ".

Y él no pudo.
Zacarías no pudo hablar en absoluto.

¿Pero adivina qué sucedió? Elisabet quedó embarazada! Ella tenía un bebé y cuando Zacarías nombró el bebé Juan, pudo finalmente hablar de nuevo.

Fue una sorpresa!
Pero no debiera haber sido.

Dios había hecho una promesa a Eva en el inicio de los tiempos, y Dios siempre cumple sus promesas. Él siempre hace lo que dice que hará. *Algo maravilloso iba a suceder.*

La promesa de Dios estaba llegando.

[elegido]

Elisabet tenía una pariente llamada María.
Ella vivía en un pueblo llamado Nazaret y estaba comprometida ser casada con un hombre llamado José.

Un día, antes de que los dos se casaran, un ángel se le apareció.

Ella era bastante temerosa!

Pero el ángel le dijo: "María, no tengas miedo!" El ángel le dijo algo glorioso. Era un mensaje de Dios. El ángel le dijo: "Vas a tener un hijo y le pondrás por nombre Jesús. Él será grande y será llamado, Hijo de Dios."

María no sabía qué pensar! Ni siquiera estaba casada, *¿cómo iba a tener un bebé?* Así que le preguntó al ángel y él dijo: "El Espíritu Santo vendrá sobre ti."

Esto no iba a ser un bebé normal. *Él fue la promesa!*
María dijo al ángel: "Que sea lo que has dicho."

Y Dios estaba complacido.

Pero su prometido, José, era triste. Él pensó que María no había sido fiel a él. Él era un buen hombre, por lo que planeó romper su compromiso en silencio. Pero el ángel se apareció de nuevo. Y habló Dios.
Realmente grandes cosas suceden cuando Dios habla.

El ángel le dijo: "José, no tengas miedo de recibir a María tu esposa." El ángel le explicó quién era el bebé, que Su nombre será llamado, Jesús, y le llamarán, *Emanuel.* (Emanuel significa, Dios con nosotros.) Oh, oh! No era sólo un hombre que venía—era Dios mismo!

Venía porque Él amaba.
Él quería que la gente fuera sus amigos.

Al igual que El prometió desde el principio. Alguien iba a luchar contra la serpiente. Todos los años las personas se preguntaban y esperaban, buscando al hombre que salvaría a todos.

No tenían ni idea de que sería Dios *mismo.*

[nacimiento]

Hubo un hombre llamado Augusto, que era César (que es como un rey).

Augusto quería saber cuántas personas vivían en su país. Hizo una regla que todos tenían que regresar a su ciudad natal y registrarse.

Esto se llama un censo.

María y José tuvieron que viajar a una ciudad llamada Belén. En el momento en que llegaron allí, María estaba lista para tener a su bebé.

Cuando llegaron, todas las posadas estaban completamente llenas! Lugar después de lugar les dio la espalda.

Pobre María.

Finalmente, encontraron un establo donde podían quedarse. Un establo es donde se guardan los animales, y ahí es donde María tuvo a su bebé. Ella lo envolvió en telas y lo acostó en un pesebre.

Su bebé era Dios mismo.

Dios podría haber nacido en cualquier lugar.
Un palacio. Una casa caliente. Una cama limpia.
Pero Él eligió un establo.

Él no vino para hacerse grande.

Él vino a luchar contra la serpiente. *Para mostrar su amor.* Para hacer posible que seamos sus amigos.

Al igual que el ángel le dijo, Jesús vino siendo Emanuel.
Dios, aquí, *con nosotros.*

La mayoría de la gente no sabía que él estaba allí. No tenían idea que Dios había venido a la tierra como un bebé. Todavía estaban ocupados, olvidándose de él. Pero Dios vino de todos modos.

Renunció a todas las cosas maravillosas en los cielos para venir abajo a la tierra. Él vino a luchar por la amistad de todas las personas.

Él vino porque Él amaba.

[anunciado]

En las colinas de las afueras de Belén habían unos pastores.
(Pastores eran personas que cuidaban ovejas.) Pasaron un montón de noches tranquilas en las colinas.

Los pastores no sabían al inicio, pero esto no iba a ser una noche cualquiera.
Esta fue una noche especial.

Fue la noche en que Jesús nació.
Fue la noche que Dios vino a estar con nosotros.

Mientras que los pastores estaban allí en las colinas con sus ovejas, ¡apareció un ángel! ¡Debe de haberlos asustado mucho!

El ángel dijo: "¡No tengan miedo! ¡Les traigo una noticia maravillosa! ¡Una noticia alegre! Hoy en Belén un Salvador ha nacido para ustedes. Él es Cristo el Señor ".

Los pastores trataban de decidir qué hacer acerca de esto cuando ¡de repente! ¡Habían muchos, muchos ángeles allí! Todos estaban alabando a Dios diciendo:

Gloria a Dios en lo más alto
Y en la tierra paz a los que gozan de su favor!

Ellos daban gloria a Dios por este maravilloso regalo. Esta promesa se hizo realidad.

Este bebé que había venido a luchar contra la serpiente.

Los pastores estaban emocionados! Después de todos esos años. Después de todos los días buenos y días malos. Después de todos los profetas y predicadores. Después de todos los reyes que habían amado a Dios, y los otros reyes que no lo amaban. El Salvador, por fin, había llegado!

Los pastores decidieron irse en búsqueda de Jesús. Fueron a Belén y encontraron a María y a José y al bebé. *Era como el ángel les dijo.* Los pastores les encontraron en un establo, con el bebé envuelto en una tela y acostado en un pesebre. Estaban tan emocionados que anunciaron a todos los que conocieron en el camino acerca de Jesús. Acerca del Salvador. Acerca de Emanuel, *Dios con nosotros.*

Aquel que había venido a hacer posible que seamos amigos de Dios.

[dado]

Hubo algunos Reyes Magos que vivían en el Este. Ellos sabían cómo leer las estrellas.

Loco, lo sé!

Cuando nació Jesús, Dios envió una señal especial, *una nueva estrella.* Era como una carta en el cielo que decía: *"¡Hola, estoy aquí! Soy yo, el Rey de reyes."*

Y los Reyes Magos podían leerlo! Era como que Dios estuviera hablando directamente a ellos. Y estamos seguros de ello— *Realmente grandes cosas suceden cuando Dios habla.*

Los hombres viajaron mucho tiempo sobre una gran distancia. Finalmente llegaron a Belén. Cuando llegaron allí no sabían donde fue la casa donde Jesús vivió. Así que fueron a un hombre llamado Herodes, el gobernante del pueblo judío, y le preguntaron.

Herodes era *tan* molesto. Él era el rey pero estos hombres dijeron que un nuevo rey había nacido! Él fingió ser amable con los Reyes Magos, con la esperanza de encontrar donde Jesús estaba para poderlo matar. "Cuando encuentren al niño, ven y dime dónde Él está ..." dijo Herodes.

Era como que la serpiente supiera que su tiempo era casi terminada.
Quería desesperadamente deshacerse de Jesús.

Cuando los Reyes Magos encontraron a Jesús, se arrodillaron y le adoraron. Ellos sabían exactamente quién era. Emanuel, Dios con nosotros. La promesa que vino al mundo. Aquel que hizo posible para nosotros ser amigos de Dios.

Los Reyes Magos le trajeron regalos. Ellos le trajeron: oro, incienso y mirra.
Estos eran regalos caros y especiales. Y Jesús era digno de ellos.

Y es lo mismo hoy. Él es digno de todo lo que tenemos. Todo lo que somos.

Cuando los Reyes Magos fueron a salir, un ángel se les apareció en un sueño y les dijo que no volvieran a Herodes. Ellos obedecieron y fueron a su casa por un camino diferente. Esto hizo que Herodes se enojara mas, y a pesar de que trató de encontrar y matar a Jesús, él no pudo. El día llegaría cuando Jesús iba a luchar la batalla con la serpiente. *Pero no todavía.*

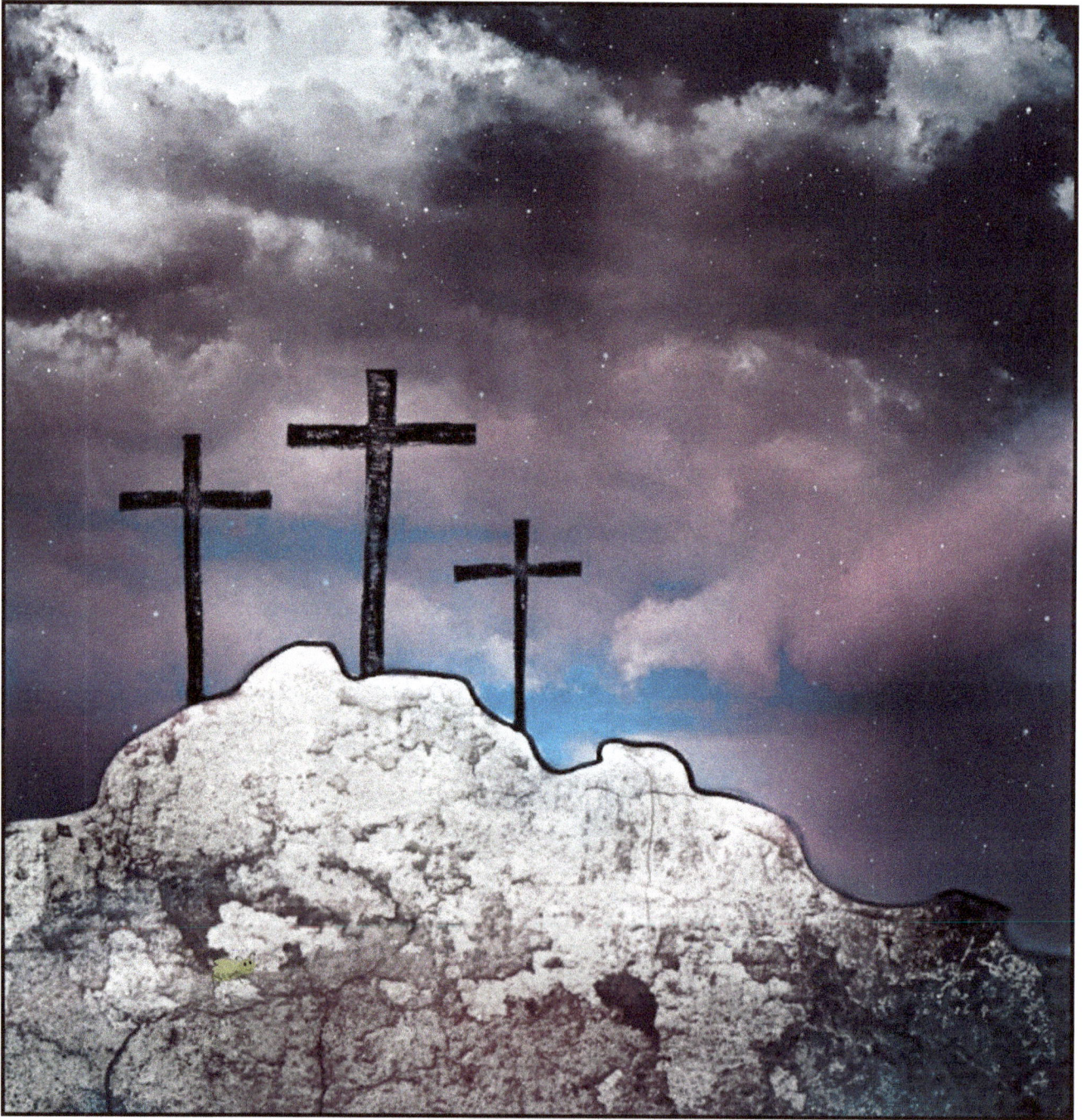

[amado]

En Navidad celebramos el nacimiento de Jesús-- pero la razón por la que celebramos no es sólo que Él nació.

También es que Él murió.

Recuerda de la serpiente?
Recuerda la promesa?
Jesús era el hombre que Dios había prometido. Aquel que lucharía contra la serpiente y ganaría.

Primero Él creció y maduró. Pasó de ser un bebé a ser un adulto. Y en todo ese tiempo nunca pecó.

Ni una sola vez.

Él era perfecto y vivió como Adán y Eva debieran de haber vivido todos estos años atrás.
Pero la gente no se dio cuenta que Él era Dios. Se olvidaron de las promesas y no creían lo que los ángeles y milagros dijeron: que Él era Emanuel.

Así que lo clavaron a una cruz. Ellos mataron a Jesús.

Y la serpiente pensó que había ganado.
Él pensó que Dios estaba muerto.

Pero Dios no estaba muerto.
Ni siquiera un poco.

Todo era parte de la promesa. Todo era parte del plan que Dios había escrito en las páginas de la Biblia.
Era Dios trabajando para hacer posible que seamos sus amigos.

Recuerda de la oveja que tomó el lugar de Isaac? *Murió por él.*
La sangre en las puertas en Egipto? *Se goteaba en la forma de una cruz.*
El cordón rojo en la ventana de Rahab? *El color de la sangre.*
La serpiente en un poste en el desierto? *Mirando hacia arriba salvó al pueblo.*
La promesa de ser redimido como Rut, y la promesa de la luz de Isaías.

Todo era parte del plan desde el principio.

Hay algo que la serpiente no sabía:

La muerte vino por el pecado,
y un hombre sin pecado
no puede morir.

Entonces, ¿sabes lo que pasó? Después de que las personas mataron a Jesús, su Espíritu se fue derecho al infierno, luchó con la serpiente *y ganó.*

Lo sabemos porque tres días después, Él resucitó de entre los muertos.

La muerte no tiene poder sobre el que es sin pecado.

Entonces, ¿qué hay de nosotros?
¿Qué pasa con todas las personas en todo el mundo que Dios creó para ser sus amigos?

Podemos ser.
Justamente como Dios nos prometió.

¿Recuerda?

Hay sangre. *Sangre paga la deuda del pecado.*
Hay una cruz. *Jesús murió en la cruz, no a causa de su pecado sino por la tuya.*
Hay amor. *Él te ama y anhela ser tu amigo.*
Hay redención. *Él quiere liberarte de la muerte.*

De hecho, Dios nos habla a través de la Biblia y nos dice qué hay que hacer.
Y sabemos que realmente grandes cosas suceden cuando Dios habla.

Él dijo: "Si confiesas con tu boca que Jesús es el Señor,
Y crees en tu corazón que Dios le levantó de los muertos;
TU SERÁS SALVO."

Eso es todo lo que tenemos que hacer y como Él prometió, *nos convertiremos en amigos de Dios.*

Aprende más!

Día 1: Génesis 1

Día 2: Génesis 3

Día 3: Génesis 6

Día 4: Génesis 12: 1-9, Génesis 15: 5

Día 5: Génesis 22: 1-19

Día 6: Génesis 37, Génesis 44-45

Día 7: Éxodo 3

Día 8: Éxodo 7: 14-11: 10

Día 9: Éxodo 14, Éxodo 15-16

Día 10: Números 21: 4-9

Día 11: Deuteronomio 5

Día 12: Josué 2, Josué 6: 22-23

Día 13: Rut 1-4

Día 14: I Samuel 17

Día 15: 2 Reyes 4: 1-7

Día 16: Isaías 6: 8, Isaías 9: 2-7

Día 17: Oseas 1, Oseas 3

Día 18: Jonás 1, Jonás 3

Día 19: Daniel 6

Día 20: Lucas 1: 5-25, 57-66

Día 21: Lucas 1: 26-38,
Mateo 1: 18-24

Día 22: Lucas 2: 1-7

Día 23: Lucas 2: 8-20

Día 24: Mateo 2: 1-12

Día 25: Lucas 23, 26-49,
Lucas 24: 1-12
2 Corintios 5:21

Autor

Natasha Metzler vive al norte del estado de Nueva York en una finca con su esposo y dos niños, y cualquier animal que su hija los anima que adopten.

Su deseo del corazón es compartir el amor de Jesús con las personas que pueda.

Ella es el autor de varios otros libros incluyendo *Pain Redeemed*, y puede ser contactado en línea a natashametzler.com

Ilustrador

Brianna Siegrest es autor, artista, madre y esposa. Ella pasa sus días en el caserío con su esposo y tres niños. Ella está aprendiendo trabajar con ganado Angus Rojo, aunque le interesa más pintar cuadros de ellos.

Su llamado de vida es usar de sus talentos ensenarlos a los niños acerca del amor de Dios.

Ella es el autor de *The Next Chef*, y puede ser contactado en línea a briannasiegrist.wordpress.com

www.ingramcontent.com/pod-product-compliance
Lightning Source LLC
Chambersburg PA
CBHW060802150426

42813CB00059B/2847

9 781941 173251